Questo libro appartiene:

Che tutti i tuoi desideri si avverino

Amore regge senza legge !

Che tutti i tuoi desideri si avverino

Amore regge senza legge !

Che tutti i tuoi desideri si avverino

Amore regge senza legge !

Che tutti i tuoi desideri si avverino

Amore regge senza legge !

Che tutti i tuoi desideri si avverino

Amore regge senza legge !

Che tutti i tuoi desideri si avverino

Amore regge senza legge !

Che tutti i tuoi desideri si avverino

Amore regge senza legge !

Che tutti i tuoi desideri si avverino

Amore regge senza legge !

Che tutti i tuoi desideri si avverino

Amore regge senza legge !

Che tutti i tuoi desideri si avverino

Amore regge senza legge !

Che tutti i tuoi desideri si avverino

Amore regge senza legge !

Che tutti i tuoi desideri si avverino

Amore regge senza legge !

www.ingramcontent.com/pod-product-compliance
Lightning Source LLC
Chambersburg PA
CBHW060835290526
45792CB00006BB/1935
9781074984083